Una enciclopedia se compone de 8 volúmenes y cada uno tiene 842 temas. ¿Cuántos temas tiene la enciclopedia entera?

Un carpintero gana 635 euros en 5 días. ¿Cuánto gana diariamente?

Una caja que contiene 8 botes de conserva ha costado 28 euros. ¿A cuánto resulta cada bote?

318 × 4 = **24 : 3 =**

¿Cuánto tocará a cada niño, a partes iguales?

Si un cuaderno de problemas tiene 20 páginas, ¿cuántas páginas habrá en 124 cuadernos?

Un velero tenía 365 kilos de mercancía en su bodega y carga 4 fardos más de 42 kilos cada uno. ¿Cuántos kilos lleva ahora?

Entre los 7 ficheros de la biblioteca hay 1.505 fichas. ¿Cuántas fichas tiene cada fichero, por término medio?

87 + 175 + 13 =

63 : 7 =

Todas las niñas y todos los niños somos iguales

Practica el juego de la SOLIDARIDAD
entrando en www.medicosdelmundo.org/activate

COMBATIMOS TODAS LA ENFERMEDADES, INCLUÍDA LA INJUSTICIA

Rubio

problemas

de sumar, restar, multiplicar
por varias cifras y dividir por una

Enrique tuvo una avería, en su moto, a 38 kilómetros de la meta. El circuito era de 145 kilómetros. ¿Cuántos recorrió?

Tenía 540 sellos en mi colección. Si regalo la cuarta parte, ¿cuántos sellos me quedarán?

Mi tio Juan me regala un libro de cuentos que tiene 128 páginas. Si cada día leo 8 páginas, ¿cuántos días emplearé para leerlo?

614 – 18 =

21 : 7 =

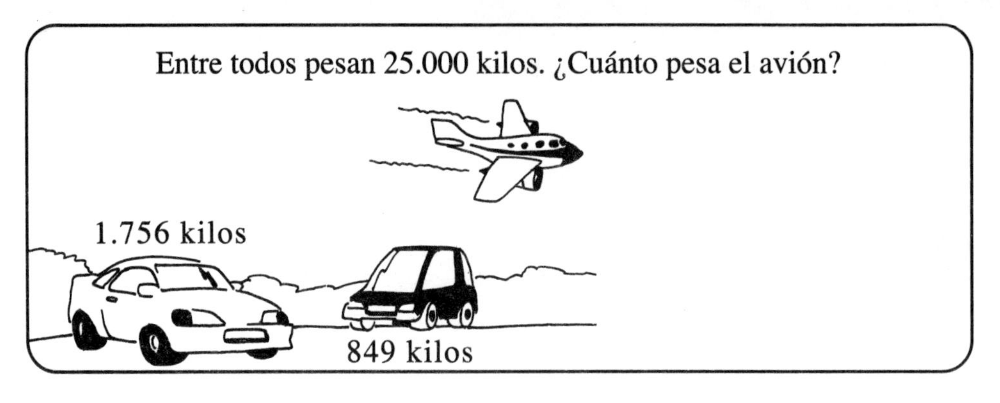

Se reparte un crédito de ayuda al desarrollo en partes iguales entre 4 aldeas y a cada una le han correspondido 16.407 euros. ¿A cuánto ascendía el importe del crédito?

Cuatro cajas de limones pesan 16 kilos cada una. Cada caja vacía pesa 3 kilos. ¿Cuánto pesan todos los limones?

Disponemos de 10 ovillos de hilo de 100 metros cada uno. Con ellos llenamos 15 carretes de 54 metros cada uno. ¿Cuántos metros de hilo sobrarán?

235 × 5 = **49 : 7 =**

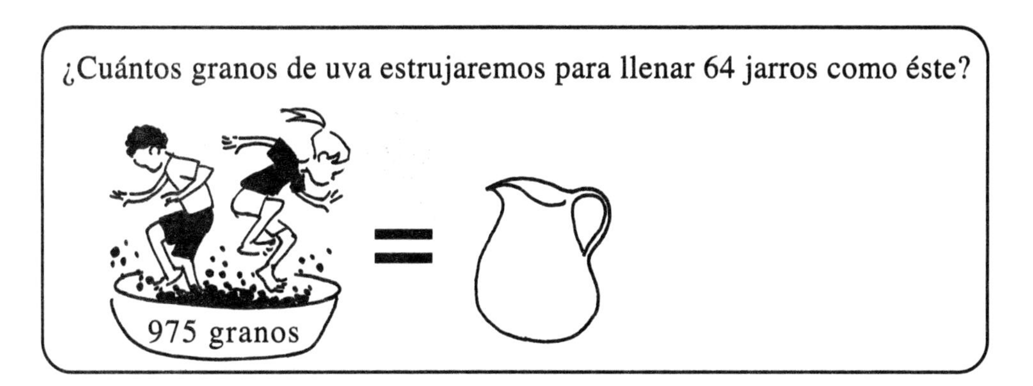

De los 260 espectadores que había en un cine salieron la cuarta parte. ¿Cuántos espectadores quedaron dentro del cine?

Tenemos 5 sacos de nueces de 96 kilos cada uno y queremos llenar paquetes de 8 kilos. ¿Cuántos paquetes llenaremos?

Tres piezas de fruta valen juntas lo mismo que un kilo de azúcar. El kilo de azúcar vale 87 céntimos. ¿Cuánto vale una pieza de fruta?

10 + 340 + 420 = 　　　　 **56 : 7 =**

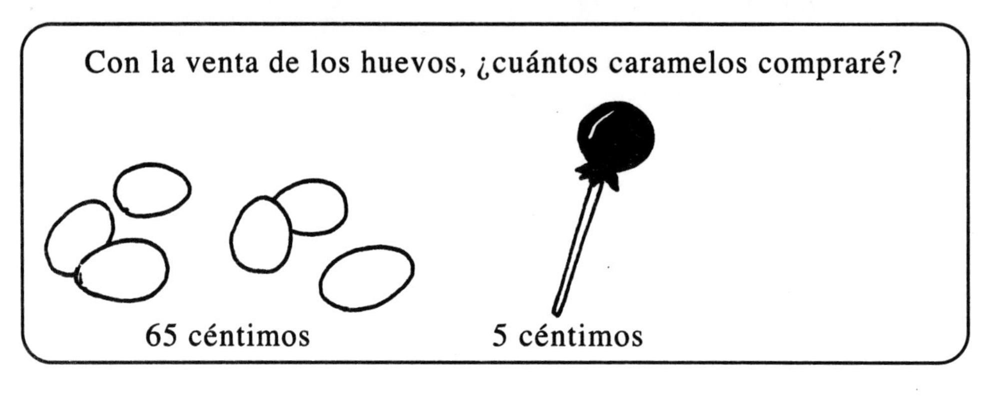

La moneda más antigua de mi colección tiene 35 años y la de Julio es 27 años más antigua que la mía. ¿Cuántos años de antigüedad tienen entre las dos monedas?

En cada uno de los 6 tramos de mi escalera hay 10 peldaños. Si me faltan 13 para llegar al final, ¿cuántos peldaños he ascendido?

¿Cuántas naranjas hay en 21 cajas, sabiendo que cada una contiene 83?

180 × 6 = **16 : 8 =**

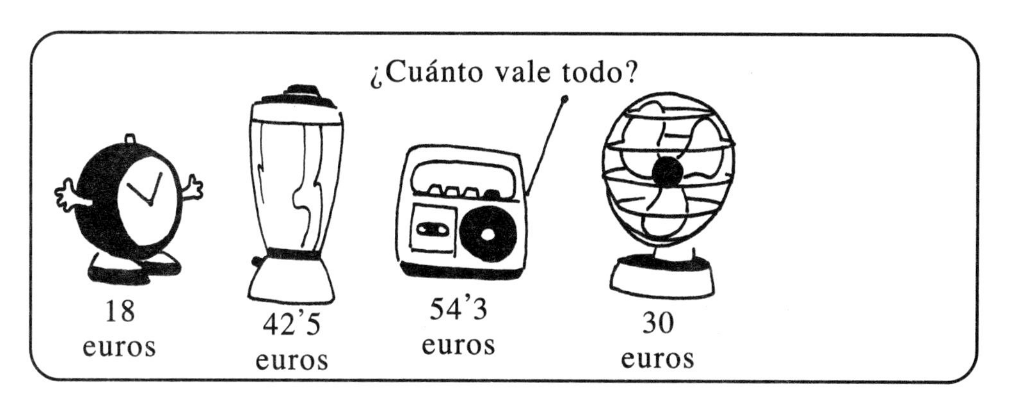

En el año 2003 visitaron El Escorial 142.365 turistas y en 2004, 154.243. ¿Cuántos turistas lo visitaron más el segundo año que el primero?

Un albañil construye 7 metros de valla en un día. ¿Cuántos días tardará en construir una valla de 161 metros de largo?

Tenemos un álbum con 18 páginas. Dos páginas están en blanco y en cada una de las restantes hemos pegado 12 cromos. ¿Cuántos cromos hay en el álbum?

352 × 7 = **18 : 9 =**

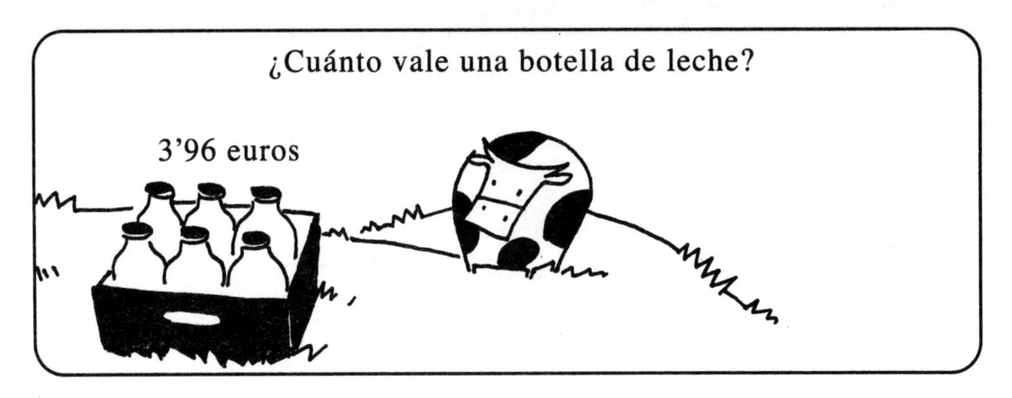

Compramos 6 botes de tomate a 50 céntimos cada uno y una barra de chocolate de 90 céntimos. ¿Cuánto nos costará todo?

En un ambulatorio vacunan 45 niños por día. ¿Cuántos niños se vacunarán en una semana?

¿Cuántas semanas hay en 196 días?

126 + 400 + 57 = **28 : 7 =**

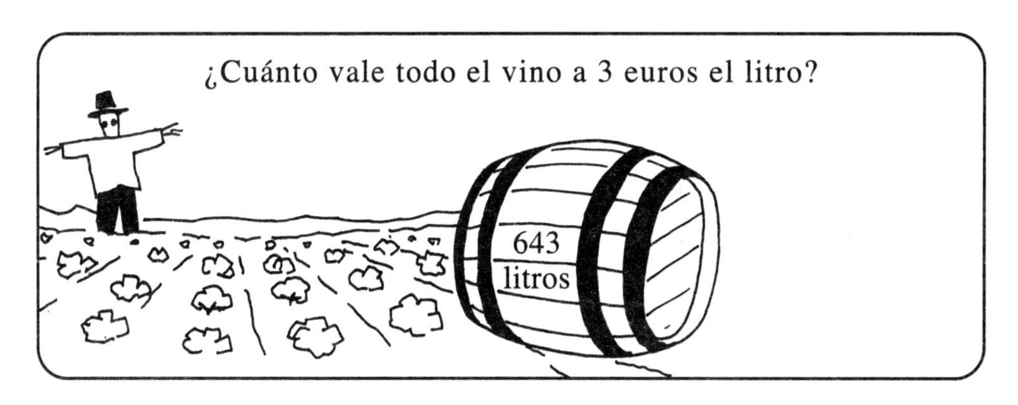

Con 60 euros, ¿cuántos sellos de correo de 30 céntimos compraremos?

¿Cuántos céntimos hay en 27 euros?

Compramos un artículo por 138'6 euros y pagamos 13'4 euros de gastos. ¿Por cuánto hemos de venderlo para no perder ni ganar?

427 × 8 = **24 : 8 =**

Este alfarero hace 36 jarras a la semana. ¿Cuántas hará en 24 semanas?

En el patio de un colegio hay 12 filas de 14 alumnos cada una. Si 8 niños entran a clase, ¿cuántos quedan en el patio?

Hemos de embalar 2.512 piezas de cerámica, metiendo 8 piezas en cada caja. ¿Cuántas cajas necesitaremos?

Sabiendo que una libreta tiene 36 hojas, ¿cuántas hojas habrá en 145 libretas?

740 – 236 = **27 : 9 =**

Cada vagón lleva 254 cajas de ciruelas. Cada caja pesa 8 kilos.
¿Cuánto pesan todas las cajas?

En un bosque hay 288 árboles plantados en 9 hileras. ¿Cuántos árboles hay en cada hilera?

En una excavación encontramos 2 piezas cuya antigüedad, entre las dos, suma 2.345 años. Si una pieza tiene 1.431 años, ¿cuántos años tiene la otra?

En un monedero hay 15 euros y en otro 1.487 céntimos. ¿En qué monedero hay más dinero?

817 × 9 = **54 : 6 =**

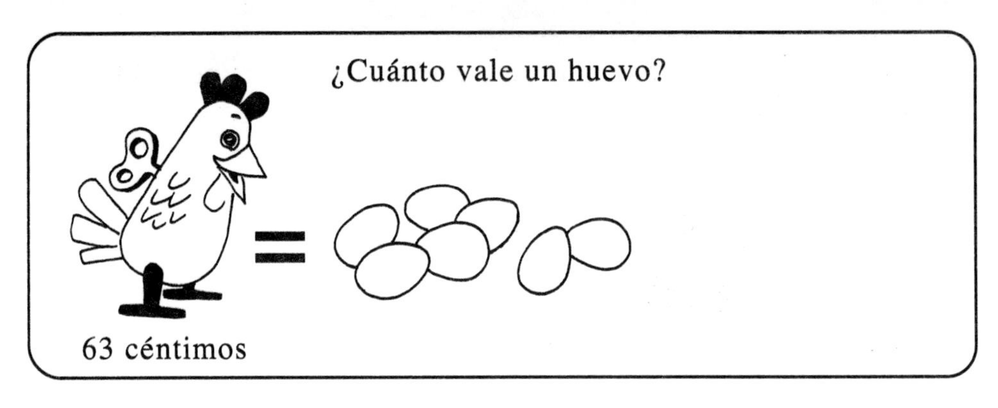

Los participantes de un rally llevan recorridos 1.255 km y hacen una parada cuando les falta 527 km para llegar a la meta. ¿Cuántos kilómetros recorrerán en total?

¿Cuántos días hay en 3 meses, si dos de ellos son de 30 días y el otro de 31?

Un grifo da 8 litros de agua por minuto. ¿Cuántos minutos tardará en llenar un depósito de 984 litros?

230 × 7 = **36 : 9 =**

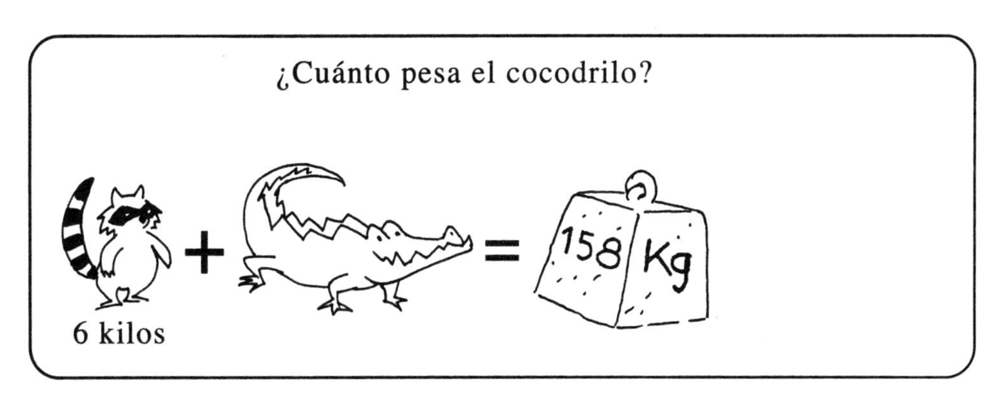

Queremos regalar 4 libros de cuentos que valen 3 euros cada uno y 6 tebeos a 50 céntimos cada uno. ¿Cuánto dinero necesitamos?

¿Cuántas veces el número 4 está comprendido en el número 1.628?

En un rebaño había 524 ovejas. La mitad de estas ovejas han criado un corderito cada una. ¿Cuántos serán ahora?

505 – 207 =

42 : 7 =

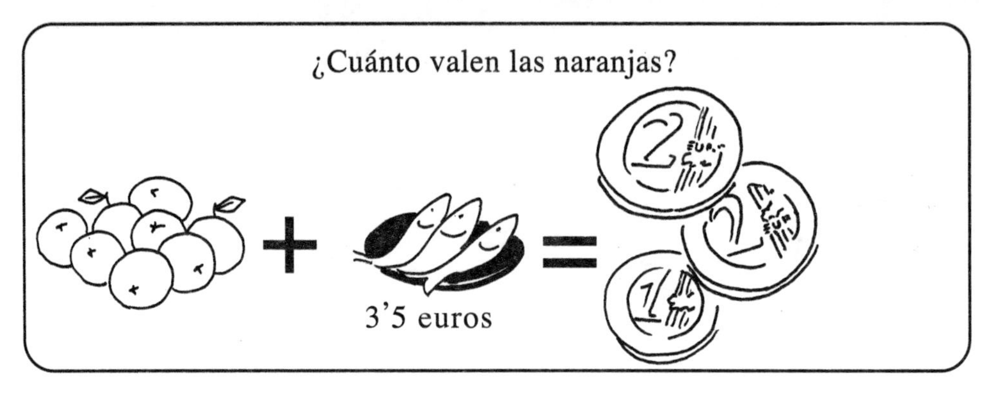

Una caja contiene 624 latas de sardinas. ¿Cuántas latas habrá en 53 cajas?

Una caja de lápices contiene 25 unidades. Se venden 20 a 50 céntimos cada uno. ¿Cuántos lápices quedan por vender y cuánto dinero se ha obtenido por ellos?

Un velero recorre 322 millas en una semana. ¿Cuántas millas recorre cada día?

153 × 8 = **63 : 9 =**

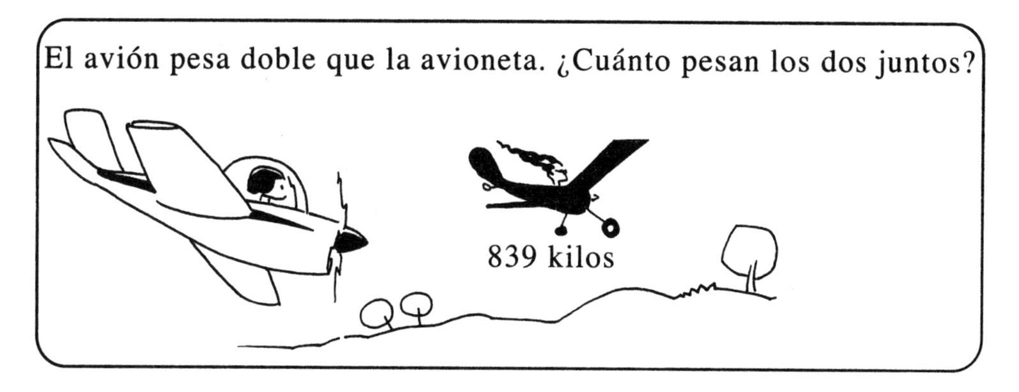

Compré 4 tebeos a 2'5 euros cada uno y después de leerlos los vendí a 1'5 euros cada uno. ¿Cuánto me han costado al final estos tebeos?

Herminio escribe muchas cartas y en cada sobre pega un sello de correo de 50 céntimos. Si se ha gastado 135 euros, ¿cuántas cartas ha escrito?

En el año 2003 en una ciudad hubo 634 nacimientos y 452 defunciones. ¿Cuántos habitantes aumentaron en dicho año?

438 + 18 + 205 = **48 : 8 =**

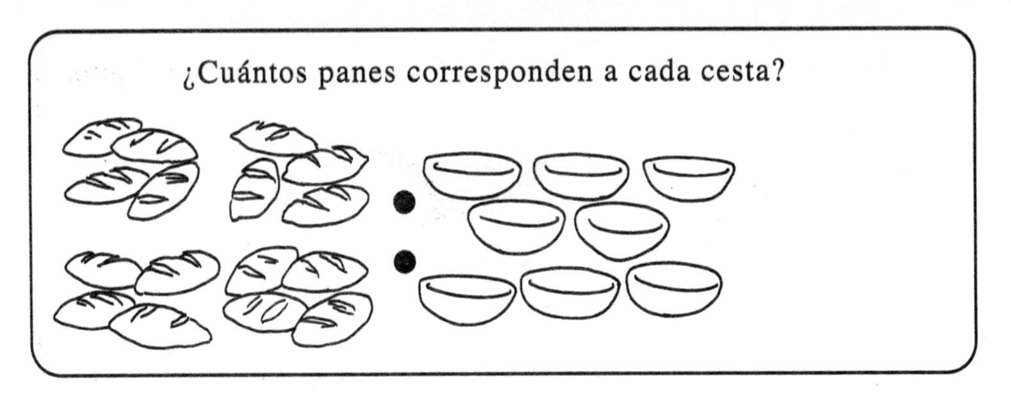

Por una cesta de tomates me dan una docena de huevos. Cada huevo lo cambio por 8 lápices. ¿Cuántos lápices conseguiré con la cesta de tomates?

Tenemos 230 balones y los metemos en sacos a razón de 9 balones en cada uno. ¿Cuántos sacos llenaremos y cuántos balones sobrarán?

En un almacén había 127 cajas de avellanas y sacaron 5 palés con 12 cajas cada uno. ¿Cuántas cajas quedaron en el almacén?

243 × 9 = **35 : 7 =**

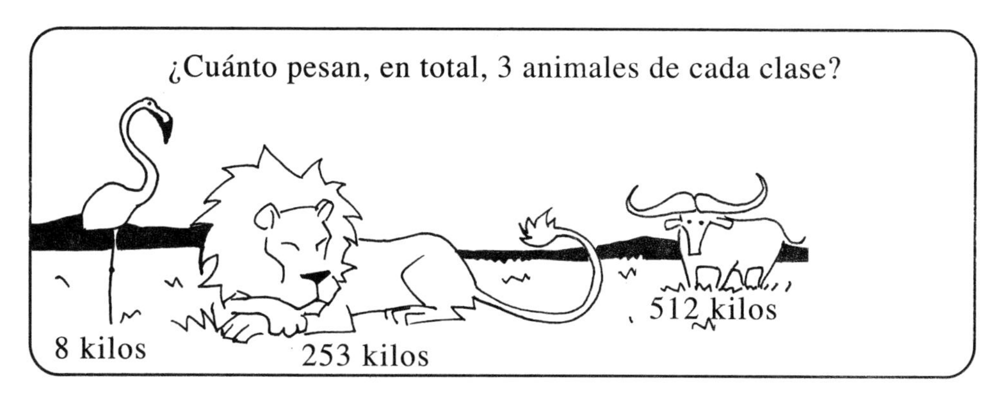

Un vehículo marcha a una velocidad de 70 kilómetros por hora. Si necesita 4 horas para llegar a la capital, ¿a qué distancia está?

Una barca pesa 945 kilos y remolca un bote que pesa su tercera parte. ¿Cuánto pesa el conjunto?

Una empleada de una fábrica ha tejido 1.296 metros de tela en 8 días. ¿Cuántos metros de tela ha tejido cada día?

318 – 299 = **54 : 9 =**

Hacer 100 veces mayor el número seiscientos siete.

Entre 6 niños se comen los 8 pasteles que había en una bandeja y que costaron 15 euros. ¿Cuánto debe pagar cada niño a partes iguales?

¿Cuántos euros hay en una cartera que contiene 2 billetes de 100 euros, 3 de 50 euros y 6 de 10 euros?

$473 \times 5 =$ **$40 : 8 =$**

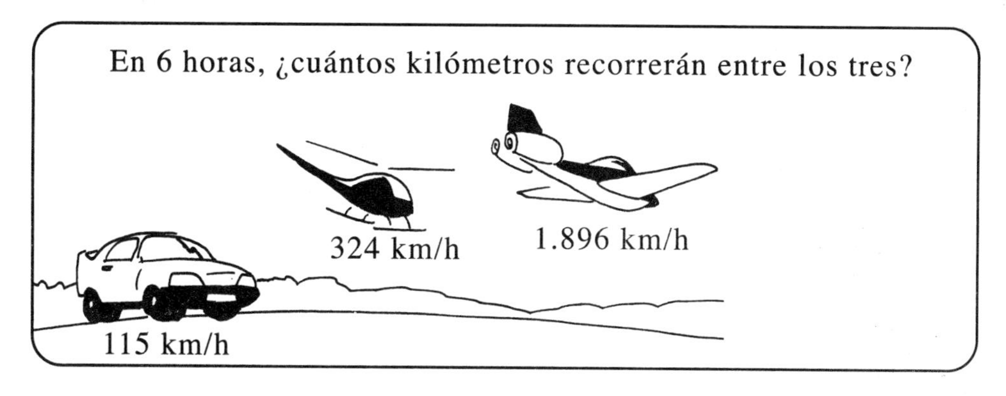

Recibimos un cargamento con 3.236 camisetas de un total de 14.175 que teníamos convenido. ¿Cuántas camisetas nos faltan recibir?

Para ir al cine 4 hermanos, su papá les da un billete de 10 euros, otro de 5 euros y 4 monedas de 1 euro. ¿Cuánto vale cada entrada?

En una cerca hay 2.125 estacas y se compone de 5 tramos iguales. ¿Cuántas estacas hay en cada tramo?

167 + 80 + 43 = **72 : 9 =**

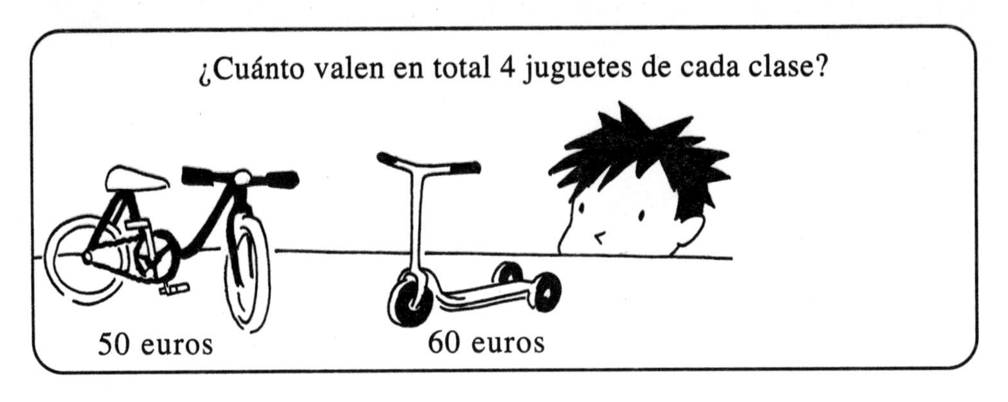

En un jardín hay 34 árboles y en un campo 8 más que en el jardín. ¿Cuántos árboles habrá en total?

Sabiendo que el sonido recorre 340 metros por segundo, ¿a qué distancia ha caído un rayo si tarda 8 segundos en oírse el trueno?

Tenía 9 euros y me gasto la mitad en ir al cine y con lo que me queda compro un décimo de lotería que sale premiado con 10 euros por euro. ¿Cuánto dinero tendré ahora?

624 × 9 = **81 : 9 =**

Soluciona problemas de sumas, restas, multiplicaciones por varias cifras y divisiones por una con el cuadernillo número 16.

Los cuadernillos de operaciones y problemas RUBIO son el complemento idóneo para perfeccionar la formación matemática del alumno. Su uso continuado ayuda al desarrollo intelectual y mejora el dominio del cálculo y el manejo de los números.

Una vez terminado el cuadernillo,
colabora con el medio ambiente y recíclalo.

OPERACIONES

NÚMEROS	CONTENIDO	
1	Sumar	
1 A	Sumar	
2	Restar	
2 A	Restar	llevando
3	Multiplicar	por una cifra
3 A	Multiplicar	por varias cifras
4	Dividir	por una cifra
4 A	Dividir	por varias cifras
5	Sumar, restar, multiplicar y dividir	por varias cifras
5 A	Sumar, restar, multiplicar y dividir	con mayor dificultad
6	Sumar, restar, multiplicar y dividir decimales	por varias cifras
6 A	Sumar, restar, multiplicar y dividir decimales	con mayor dificultad

PROBLEMAS

NÚMEROS	CONTENIDO
7	Sumar y restar sin llevar
8	Sumar llevando y restar sin llevar
9	Sumar y restar llevando
10, 11, 12	Sumar, restar y multiplicar por una cifra
13	Sumar, restar, multiplicar y dividir por una cifra
14, 15, 16	Sumar, restar, multiplicar por varias cifras y dividir por una cifra
17, 18, 19	Sumar, restar, multiplicar y dividir por varias cifras

Los cuadernillos de operaciones y problemas RUBIO están programados para ayudar al desarrollo intelectual del alumno, consiguiendo seguridad, dominio del cálculo y manejo de los números. Su uso sistemático complementa y potencia las enseñanzas impartidas en los centros educativos.

© ENRIQUE RUBIO POLO - I.S.B.N.: 84-85109-70-8
DEPÓSITO LEGAL: V-1166-1978
EDITA E IMPRIME: Enrique Rubio Polo

C/ Vicente Lleó, 22 > 46006 Valencia > **www.rubio.net**